Wie viele Hütten stehen auf dem Weihnachtsmarkt?
Siehst du auch, wo sich der Pudel Fritz versteckt?

Wer bekommt welches Geschenk? Verbinde mit Linien.

Wie viele Weihnachtsplätzchen haben die Freunde mit jeder Form gebacken? Zähle nach und schreibe die richtige Zahl in das jeweilige Kästchen.

Paulchen hat Lust auf eine Schlittenfahrt. Da entdeckt er Spuren im Schnee. Wer ist vor ihm durch den Schnee gegangen? Kreise das richtige Tier unten ein.

Klara bastelt Weihnachtsschmuck. Male die Perlen in der richtigen Farbreihenfolge weiter an.

**Wer läuft denn hier Schlittschuh?** Verbinde die Punkte in Pfeilrichtung und male das Bild schön bunt aus.

Charlotte Schaf strickt ihrer Oma einen Wollpullover. Welche Farbe ist die nächste?

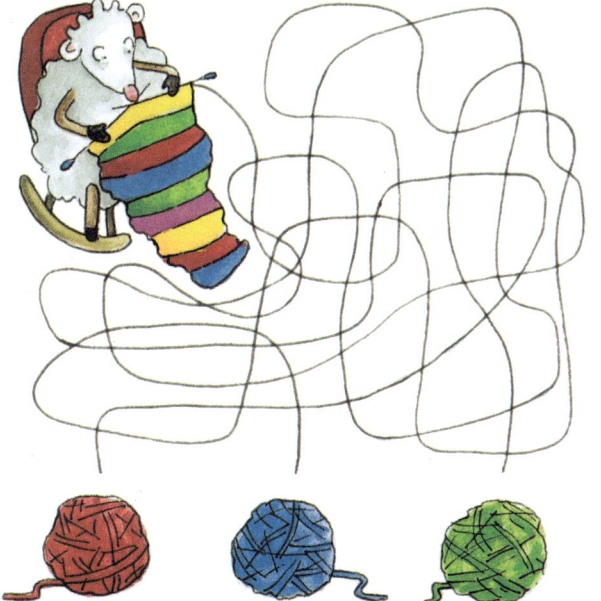

Hier siehst du verschiedene Feste, die während eines Jahres stattfinden. Weißt du, wie sie heißen und auch in welche Jahreszeit sie jeweils gehören? Verbinde mit Linien.

Was wünscht sich Julia zu Weihnachten? Wenn du die Punkte in Pfeilrichtung verbindest, weißt du es.

Oje, hier ist die Bildergeschichte durcheinandergeraten.
Bringe sie in die richtige Reihenfolge und schreibe Zahlen
von 1 bis 4 in die vorgegebenen Kästchen.

Frau Holle hat 3 Gegenstände mit Schneeflocken bedeckt.
Welche sind es? Kreise sie rechts ein.

Großes Pinguin-Treffen am Südpol. Wie viele Pinguine schauen von dir aus gesehen nach rechts und wie viele nach links? Schreibe die jeweils richtige Zahl in die Kästchen.

Max hat seine Mütze schon aufgesetzt, nun sucht er noch seinen Schal. Findest du ihn? Schau genau und male ihn an.

**Der Schneemann ist ganz allein auf der Wiese. Malst du ihm einen Freund?**

Welche Jahreszeit kommt nach dem Herbst? Kreise unten ein.

**Auf dem Schirm siehst du eine ganze Flocke. Jeder anderen Flocke fehlt etwas. Male es dazu.**

Fips hat sich ganz warm angezogen. Jetzt geht er hinaus zum Spielen. Wie sieht es draußen wohl gerade aus? Kreise unten ein.

**Was passiert mit Martins Schneemann? Bringe die 8 Bilder mit Zahlen in die richtige Reihenfolge.**

Paul hat zu Weihnachten viele Geschenke bekommen. Von seinen Freunden hat er 3 bekommen und von seinen Eltern 4. Wie viele sind es insgesamt? Trage die richtige Zahl in das Kästchen ein.

$4 + 3 = \boxed{7}$

**Bauer Hugo Hahn ist zu Weihnachten bei einem Nachbarn eingeladen und macht sich auch gleich auf den Weg. Welchen Nachbarn besucht Hugo?**

**Am Nordpol ist es ganz schön kalt! Wen möchte Paulchen hier besuchen? Kreise das richtige Tier unten ein.**

**Die Katze möchte alle Monde in die Dose legen. Streiche sie rechts durch und male sie in die Dose.**

Lösungen:

1
Es sind 6 Hütten.

2

3

4

5

6

7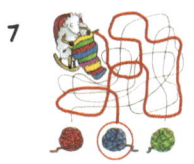

8

9

10

11